IVAN STEIGER
sieht die **Bibel**

sieht die Bibel

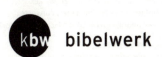

www.bibelwerk.de

ISBN 978-3-460-27170-8

Alle Rechte vorbehalten
© 2012 Verlag Katholisches Bibelwerk GmbH, Stuttgart
Für die Konzeption des Buches zeichnet der Verlag Katholisches
Bibelwerk verantwortlich.

Für die Texte aus der Einheitsübersetzung der Heiligen Schrift
© 1980 Katholische Bibelanstalt GmbH, Stuttgart

© 2012 Ivan Steiger
© Copyright 1962-2012 Ivan Steiger, 80796 München, Elisabethstraße 5,
für die einzelnen Zeichnungen, für Auszüge, Nachdrucke, Kopien,
digitale Vertriebsformen aller Art, etc.
E-mail: ivan.steiger@freenet.de

Das Vorwort von Dr. Fick ist eine durch den Verlag gekürzte Fassung
des 1989 im gleichnamigen Werk erschienenen Vorworts.
Mit freundlicher Genehmigung von Dr. Ulrich Fick, Schorndorf.

Grafische Gestaltung: Jan Jiskra, Prag
Umschlaggestaltung: www.anna-katharina-stahl.de
Druck und Bindung: in Europa

VORWORT

Zeigen, was hinter der Geschichte steckt

BEMERKUNGEN ÜBER IVAN STEIGERS BILDER ZUR BIBEL

Nehmen wir eine beliebige biblische Geschichte, sagen wir: die vom Tanz um das goldene Kalb (Exodus 32,1-4): Da wird erzählt, wie das Volk Gottes, kaum ist Mose auf den Berg gestiegen, um die Gebote zum empfangen, sich seinen eigenen, sichtbaren, näheren Gott macht – ein Symbol der Fruchtbarkeit, ein Götzenbild, wie andere Völker es haben. Um dieses Bild tanzen die Leute nun in heiliger-unheiliger Begeisterung – Es gibt genügend Bilder aus allen Epochen christlicher Kunst, die darstellen, was man in dieser Geschichte sieht: die Wüstenebene vor dem Berg Gottes mit dem Lager und den Zelten, die Menge der Tanzenden, in der Mitte das goldene Bild auf einem hohen Sockel und in der Ferne vielleicht noch der Prophet, der mit Zorn und Entsetzen entdeckt, was aus seinem Volk geworden ist.

Was zeichnet Ivan Steiger? Ein kleines Männchen mit einem Fernsehgerät als Kopf, das vor einem riesigen Fernsehturm kniet. Das, meint der Zeichner, macht uns Menschen von heute anschaulich, worauf die Botschaft dieses biblischen Berichts uns aufmerksam machen will: Der Mensch liefert das eigene Denken einer Instanz aus, die ihn dann bestimmt; er ist im Begriff, zum seelenlosen Opfer eines Abgotts zu werden, den er sich selbst geschaffen hat.

Ivan Steigers zeichnerische Essays zeigen die Spannung, ja den Gegensatz zwischen dem, was Gott will und ermöglicht, und dem, was der Mensch aus seinem Leben macht: die Diskrepanz zwischen Gottes Gnade und unserem Verhalten.

METAMORPHOSEN DER FEDER

Um zu zeigen, was er sieht, verwendet Ivan Steiger eine ganz bestimmte Zeichen-Sprache. Er arbeitet mit Symbolen, semiotischen Verdichtungen, Piktogrammen, wie immer man es nennen will.

Ein Beispiel für viele: die Feder. Für einen Mann, der nicht mit einem Filzstift oder einem spitzen Pinsel, sondern mit einer altertümlichen Stahlfeder arbeitet – sie ist ihm so wichtig, dass er sogar einem seiner Bücher als Titel die Fabriknummer dieser Feder gegeben hat: 09360 EF – ist dieses Werkzeug zum Symbol für seine eigene Kreativität geworden. Darum kann er den Kreator, den Schöpfer, von dem wir Geschöpfe uns kein Bild machen sollen, mit dieser Feder symbolisieren.

Auf dem Weg durch die Bibel macht dieses Zeichen viele Wandlungen durch. Die Feder kann zum Speer, zur Krone werden; zum Vorzeichner eines gnädigen Weges für Rut und Noomi, und zum Hebel, der die Welt aus den Angeln hebt ...

Andere graphische Kürzel machen ähnliche Wandlungen durch. Einige davon seien hier genannt. Der Fingerabdruck steht für das, was sein Name sagt: Alles, was der Mensch berührt, trägt hinterher seine Spuren – Druck, Beschmutzung, Sünde, Last.

Und dann das Fernsehen: Zeichen für den Menschen in seiner Entfremdung, abgelenkt, in seinen Auswegslosigkeiten ohne ernsthafte Folgen diskutiert, in seiner Einsamkeit bis zum Überdruss unterhalten. Da ist der Mensch nicht bei sich, er klebt am Bildschirm, wird von außen gesteuert und versklavt, falsche Propheten drängen ihm Scheinwerte auf.

Monoton gerasterte Hochhäuser signalisieren, wie unmenschlich genormt unsere Welt ist.

Aber vergessen wir nicht, in dieser kleinen Aufzählung auch die großen Zeichen der Hoffnung zu nennen, die sich durch die ganze biblische Geschichte ziehen. Da ist jener Baumstumpf mit dem frischen Trieb – auch ein politisches Bekenntnis aus jener Zeit, da – für die Tschechoslowakei damals noch zu früh – eine kleine Hoffnung auf einen neuen Anfang sich regte.

Und immer wieder das Herz, Zeichen für alles, was zum Menschen gehört, für Gut und Böse, Gemeinschaft und Alleinsein, Geborgenheit und Verletzlichkeit, mit einem Wort: für das Leben.

ÜBERZEUGUNGEN EINES ZEICHNERS

Wie kommt ein politischer Karikaturist, der über Jahre hinweg täglich einer großen Tageszeitung eine Zeichnung liefert, dazu, sich so intensiv mit der Bibel zu befassen?

Auf seinem Arbeitstisch in München-Schwabing, wo er mit seiner Familie lebt, liegt eine tschechische Bibel. Seine Heimat, seine Herkunft spiegeln sich darin und auch der Riss wird deutlich, der seine Lebensgeschichte bestimmt. Anfang 1939 wurde Ivan Steiger in Prag geboren, „in der Kapelle St. Apollinaris mit Moldauwasser getauft". Aufgewachsen ist er in einer gut katholischen Familie, die nach der Revolution aus ihrem Bürgertum gerissen und neu in einen Arbeiter- und Bauernstaat eingeordnet wurde. Die Schule, die ihn geprägt hat, ist die Filmakademie in Prag. Dort hat er das Handwerk des Regisseurs von Grund auf gelernt. Er schrieb Drehbücher und Erzählungen. Als die Truppen des Warschauer Paktes im Sommer 1968 in die Tschechoslowakei einmarschierten, um den Prager Frühling zu beenden, reiste er für unbestimmte Zeit in die Bundesrepublik. Er beschloss, nicht zurückzukehren, und zahlte einen hohen Preis für seine Freiheit: Er verlor seine eigene Sprache. Verurteilte ihn das zur Ausdruckslosigkeit? Nein, er machte eine ebenso wertvolle Entdeckung: Was er nicht mehr mit Worten sagen konnte, das ließ sich zeichnen. „Den Sinn meines Lebens habe ich in dem Augenblick gefunden, als ich die Fähigkeit verlor, ihn durch Worte auszudrücken." Er, der „nie zeichnen gelernt hatte", bemühte sich nicht um eine naturalistische Wiedergabe dessen, was er sah. Vielmehr zeichnete er, was er dachte. Oft sah das eher wie ein unbeholfenes Gekritzel aus, dessen Charme und intellektueller Reiz von dem versteckten Witz, von der unerwarteten Sehweise kamen. Die Originalität der Beobachtung, die verschmitzte Indirektheit der Aussage hatten von Anfang an eine magnetische Kraft auf viele Betrachter dieser simpel erscheinenden Bilder. Ivan Steigers Handschrift wurde bald zu seinem Markenzeichen. Seine Bilder waren auch außerhalb des deutschen Sprachgebrauchs ohne weiteres „lesbar". The Times, Le Figaro boten sie ihren Lesern in England und Frankreich an, amerikanische Zeitungen übernahmen sie, auf Ausstellungen in vielen Ländern fanden sie Freunde.

Alle Räume, die Ivan Steiger sich inzwischen zum Leben eingerichtet hat, erzählen, was für ein Mensch er ist. Seine Münchener Wohnung und ein Bauernhaus bei Wasserburg am Inn sind auch von altem Spielzeug bewohnt, Puppen, Eisenbahnen und beweglichem Blechspielzeug, denn er hat seiner Sammelleidenschaft auf diesem Gebiet nachgegeben. Was er gesammelt hat, füllt Spielzeugmuseen in München, Passau und Prag.

Das oberste Geschoss des Hauses in München ist ein großes Studio: Trickkameras und Schneidetische stehen dort, Filme und Bücher sind hier entstanden, auch Erzählungen und Kinderbücher.

WAS WILL ER MIT DIESEN BILDERN?

„Viele Menschen sind der Bibel gegenüber taub und blind. Sie meinen, sie wüssten, worum es geht. Wenn man ihnen jedoch die Geschichten der Bibel aus einer neuen Perspektive zeigt, wenn man die Gute Nachricht nur eine Spur weiterschiebt, bis man sie aus einem anderen Winkel sieht, dann kommen die Menschen vielleicht zu der wichtigsten Einsicht ihres Lebens."

DAS WÄRE ALSO EINE EVANGELISTISCHE ABSICHT?

„*Selbstverständlich: Die Bibel ist seit alters bis heute für die Menschheit mehr als nur eine Anleitung zum Leben. Aber die meisten von uns haben es immer noch nicht gelernt, sie zu lesen und zu verstehen. Sie versuchen auf verschiedene Weise, von sich aus Gott zu erreichen. Die Bibel aber sagt: ‚Gott kommt zu uns'. Wer von uns hat das schon verstanden?*
Mit meinen Zeichnungen will ich Interesse für die Bibel erwecken. Dabei denke ich vor allem an junge Leute, bei denen die Hilflosigkeit in Glaubensfragen immer offensichtlicher wird. Allerdings geht es mir nicht um eine kritische Haltung zur Bibel, sondern um eine Kritik an unserer Gesellschaft, die mehr auf die sogenannte ‚menschliche Vernunft' als auf den Glauben an Gott baut.
Die Arbeit an diesem Buch war für mich die bisher wichtigste Tat meines Lebens."

Das ist alles andere als ein bescheidenes Programm. Von der Kritik an unserer Gesellschaft – einschließlich unseres „gesunden Menschenverstandes" – durch das Dickicht von Missverständnissen und Hilflosigkeiten, das sich vor den Glauben an Gott gelegt hat: keinesfalls nur eine Gelegenheit zum unverbindlichen Schmunzeln, sondern eine Einladung des Zeichners, ihm auf einem nicht unbeschwerlichen Weg zu folgen.

Das Abenteuer einer ungewöhnlichen Optik kann zum noch größeren Abenteuer einer ungewöhnlichen Einsicht führen.

Pfarrer Dr. Ulrich Fick

Der Mensch als Mensch

DER MENSCH ALS MENSCH ●

Solange der Himmel bleibt

Denn für den Baum besteht noch Hoffnung,
ist er gefällt, so treibt er wieder, sein Sprössling
bleibt nicht aus.
      Wenn in der Erde seine Wurzel altert und
      sein Stumpf im Boden stirbt,
vom Dunst des Wassers sprosst er wieder,
und wie ein Setzling treibt er Zweige.
      Doch stirbt ein Mann, so bleibt er kraftlos,
      verscheidet ein Mensch, wo ist er dann?

Ijob 14,7-10

DER MENSCH ALS MENSCH ●

Lauterkeit

Erschaffe mir, Gott, EIN REINES HERZ, und gib mir einen neuen, beständigen Geist!

Psalm 51,12

DER MENSCH ALS MENSCH ●

Zwischen Himmel und Erde

Wohl dem Mann, der Weisheit gefunden, dem Mann, der Einsicht gewonnen hat.
> Denn sie zu erwerben ist besser als Silber, sie zu gewinnen ist besser als Gold.

Sie übertrifft die Perlen an Wert, keine kostbaren Steine kommen ihr gleich.
> Langes Leben birgt sie in ihrer Rechten, in ihrer Linken Reichtum und Ehre;

ihre Wege sind Wege der Freude, all ihre Pfade führen zum Glück.
> Wer nach ihr greift, dem ist sie ein Lebensbaum, wer sie festhält, ist glücklich zu preisen.

Der Herr hat die Erde mit Weisheit gegründet und mit Einsicht den Himmel befestigt.
> Durch sein Wissen brechen die tiefen Quellen hervor und träufeln die Wolken den Tau herab.

Mein Sohn, lass beides nicht aus den Augen: Bewahre Umsicht und Besonnenheit!
> Dann werden sie dir ein Lebensquell, ein Schmuck für deinen Hals;

dann gehst du sicher deinen Weg und stößt mit deinem Fuß nicht an.
> Gehst du zur Ruhe, so schreckt dich nichts auf, legst du dich nieder, erquickt dich dein Schlaf.

Du brauchst dich vor jähem Erschrecken nicht zu fürchten noch vor dem Verderben, das über die Frevler kommt.
> *Der Herr wird deine Zuversicht sein, er bewahrt deinen Fuß vor der Schlinge.*

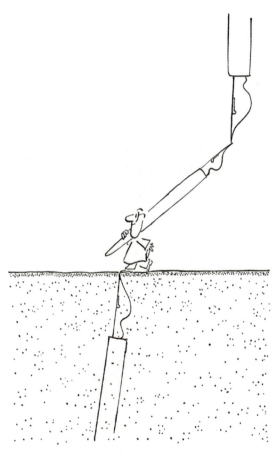

Sprichwörter 3,13-26

DER MENSCH ALS MENSCH ●

Störungen

Bei vielem **|** Reden bleibt **||**
die **|** Sünde nicht **|** aus,
wer seine **|** Lippen **|** zügelt,
|| ist klug.

Sprichwörter 10,19

DER MENSCH ALS MENSCH ●

Auf Wiedersehen

Der Böse verfängt sich im Lügengespinst,
der Gerechte entkommt der Bedrängnis.
Von der Frucht seines Mundes
wird der Mensch reichlich gesättigt;
nach dem Tun seiner Hände wird
ihm vergolten.

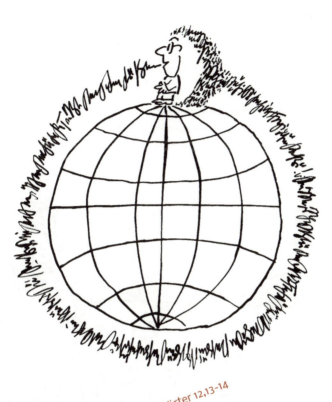

Sprichwörter 12,13-14

DER MENSCH ALS MENSCH •

Um-Weg

Die Weisheit des Klugen
gibt ihm Einsicht in seinen Weg,
aber die Dummheit der Toren
führt zu Täuschung.

Sprichwörter 14,8

DER MENSCH ALS MENSCH ●

Irr-Weg

Manch einem scheint sein Weg der rechte, aber am Ende sind es

Sprichwörter 14,12

DER MENSCH ALS MENSCH

Beweislast

Dem Untreuen werden

seine Vergehen vergolten,

dem guten Menschen

seine edlen Taten.

Sprichwörter 14,14

DER MENSCH ALS MENSCH ●

Seelenblind

Im Herzen des Verständigen ruht Weisheit, im Innern der Toren ist sie nicht bekannt.

Sprichwörter 14,33

DER MENSCH ALS MENSCH ●

Wortverschmutzung

●
●
●

Die Zunge
der Weisen
verkündet Erkenntnis,
der Mund der Narren
sprudelt Torheit
hervor.

Sprichwörter 15,2

DER MENSCH ALS MENSCH ●

Sinnlose Konkurrenz

Denn ich
beobachtete:
**Jede
Arbeit
und jedes
erfolgreiche
Tun
bedeutet
Konkurrenzkampf
zwischen
den
Menschen.
Auch das
ist
Windhauch
und
Luftgespinst.**

Kohelet 4,4

DER MENSCH ALS MENSCH

Kurz und bündig

Sei nicht zu schnell mit dem Mund,
ja selbst innerlich fiebere nicht,
vor Gott das Wort zu ergreifen.
Gott ist im Himmel, du bist auf
der Erde, also mach wenig Worte!
Im Traum schließt man viele
Geschäfte ab, der Ungebildete
macht viele Worte.

Kohelet 5,1-2

DER MENSCH ALS MENSCH ●

Unüberwindlich wie der Tod

Stark wie der Tod ist die Liebe,
die Leidenschaft ist hart wie die Unterwelt.
Ihre Gluten sind Feuergluten, gewaltige Flammen.
  Auch mächtige Wasser können
  die Liebe nicht löschen; auch Ströme
  schwemmen sie nicht weg.

Hoheslied 8,6-7

DER MENSCH ALS MENSCH ●

Entweder-oder

Entweder: der Baum ist gut -
dann sind auch seine Früchte gut.
Oder: der Baum ist schlecht -
dann sind auch seine Früchte schlecht.

AN DEN FRÜCHTEN ALSO ERKENNT MAN DEN BAUM.

Ihr Schlangenbrut, wie könnt ihr Gutes reden,
wenn ihr böse seid?
Denn wovon das Herz voll ist,
davon spricht der Mund.
Ein guter Mensch bringt Gutes hervor,
weil er Gutes in sich hat,
und ein böser Mensch bringt
Böses hervor, weil er Böses
in sich hat.

Matthäus 12,33-35

DER MENSCH ALS MENSCH ●

Gewinn und Verlust

Was nützt es einem Menschen, wenn er die ganze Welt gewinnt, dabei aber sein Leben einbüßt?

Um welchen Preis könnte ein Mensch sein Leben zurückkaufen?

Markus 8,36-37

DER MENSCH ALS MENSCH ●

Ein Geist Es gibt verschiedene Gnadengaben, aber nur den *einen* **Geist.**
Es gibt verschiedene Dienste, aber nur den *einen* **Herrn.**
Es gibt verschiedene Kräfte, die wirken, aber nur den *einen* **Gott:**
Er bewirkt alles in allen.
Jedem aber wird die Offenbarung des Geistes geschenkt, damit sie anderen nützt.
Dem einen wird vom Geist die Gabe geschenkt, Weisheit mitzuteilen, dem andern durch den gleichen Geist die Gabe, Erkenntnis zu vermitteln, dem dritten im gleichen Geist Glaubenskraft, einem andern – immer in dem einen Geist – die Gabe, Krankheiten zu heilen, einem andern Wunderkräfte, einem andern prophetisches Reden, einem andern die Fähigkeit, die Geister zu unterscheiden, wieder einem andern verschiedene Arten von Zungenrede, einem andern schließlich die Gabe, sie zu deuten.

1 Korinther 12,4-10

DER MENSCH ALS MENSCH ●

Womit wir den Weg finden

Als Glaubende
gehen wir unseren Weg,
nicht als Schauende.

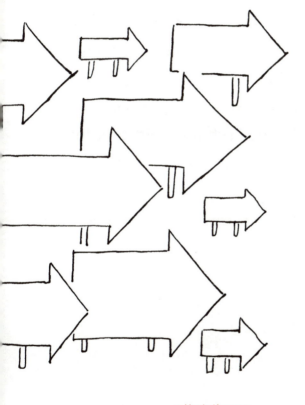

2 Korinther 5,7

DER MENSCH ALS MENSCH ●

Kraft in der Schwachkeit

Der Herr aber antwortete mir: Meine Gnade genügt dir; denn sie erweist ihre **KRAFT** in der SCHWACHHEIT. Viel lieber also will ich mich meiner Schwachheit rühmen, damit die Kraft Christi auf mich herabkommt.

2 Korinther 12,9

DER MENSCH ALS MENSCH

Im Trüben fischen

Sie sollen sich nicht mit Fabeleien
und endlosen Geschlechterreihen abgeben,
die nur Streitfragen mit sich bringen, statt
dem Heilsplan Gottes zu dienen, der sich
im Glauben verwirklicht.

Das Ziel der Unterweisung ist Liebe
aus reinem Herzen, gutem Gewissen und
ungeheucheltem Glauben.

Davon sind aber manche abgekommen
und haben sich leerem Geschwätz zugewandt.

Sie wollen Gesetzeslehrer sein, verstehen
aber nichts von dem, was sie sagen
und worüber sie so sicher urteilen.

1 Timotheus 1,4-7

DER MENSCH ALS MENSCH ●

Lass Taten folgen

Denkt daran,
meine geliebten Brüder:
Jeder Mensch soll schnell
bereit sein zu hören,
aber zurückhaltend im
Reden und nicht
schnell zum Zorn bereit;
denn im Zorn tut
der Mensch nicht das,
was vor Gott recht ist.
Hört das Wort nicht nur an,
sondern handelt
danach; sonst betrügt
ihr euch selbst.
Wer das Wort nur hört,
aber nicht danach handelt,
ist wie ein Mensch,
der sein eigenes Gesicht
im Spiegel betrachtet:
Er betrachtet sich,
geht weg, und schon
hat er vergessen,
wie er aussah.

Jakobus 1,19-20.22-24

DER MENSCH ALS MENSCH ●

Innere
Schönheit

> **N**icht auf äußeren **S**chmuck
> sollt ihr **W**ert legen,
> auf **H**aartracht,
> **G**old und prächtige **K**leider,
> sondern was im **H**erzen
> verborgen ist, das sei euer
> unvergänglicher **S**chmuck:
> ein sanftes und ruhiges **W**esen.
> **D**as ist wertvoll
> in Gottes **A**ugen.

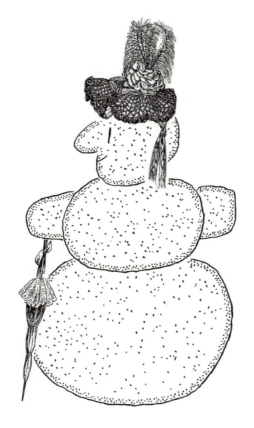

1 Petrus 3,3-4

Mensch und Welt

MENSCH UND WELT ■

Geschenkte Freiheit

Achte auf den Sabbat: Halte ihn heilig, wie es dir
der Herr, dein Gott, zur Pflicht gemacht hat. Sechs
Tage darfst du schaffen und jede Arbeit tun.
Der siebte Tag ist ein Ruhetag, dem Herrn, deinem
Gott, geweiht. An ihm darfst du keine Arbeit tun:
du, dein Sohn und
deine Tochter, dein
Sklave und deine
Sklavin, dein Rind,
dein Esel und dein ganzes Vieh und der Fremde,
der in deinen Stadtbereichen Wohnrecht hat.
Dein Sklave und deine Sklavin sollen sich ausruhen
wie du. Denk daran: Als du in Ägypten Sklave
warst, hat dich der Herr, dein Gott, mit starker
Hand und hoch
erhobenem Arm dort
herausgeführt. Darum
hat es dir der Herr,
dein Gott, zur Pflicht
gemacht, den Sabbat
zu halten.

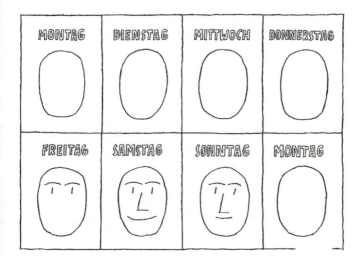

Deuteronomium / 5 Mose 5,12-15

MENSCH UND WELT ■

Davids Vermächtnis

Wer gerecht über die Menschen herrscht, wer voll Gottesfurcht herrscht, der ist wie das Licht am Morgen, wenn die Sonne aufstrahlt an einem Morgen ohne Wolken, der nach dem Regen grünes Gras aus der Erde hervorsprießen lässt.

2 Samuel 23,3-4

MENSCH UND WELT ■

Die große Verführung

Gegen den Herrn, ihren Gott,
ersannen die Israeliten Dinge, die nicht recht
waren. Sie bauten sich Kulthöhen in allen
ihren Städten, vom Wachtturm angefangen
bis zur befestigten Stadt, **errichteten Steinmale
und Kultpfähle auf jedem hohen Hügel
und unter jedem üppigen Baum.** Auf allen
Kulthöhen brachten sie Opfer dar wie die Völker,
die der Herr vor ihnen vertrieben hatte, taten
böse Dinge und erzürnten dadurch den Herrn.
**Sie dienten den Götzen, obwohl der
Herr es ihnen verboten hatte.**

2 Könige 17,9-12

MENSCH UND WELT ■

Warum?

Warum starb ich nicht vom Mutterschoß weg, kam ich aus dem Mutterleib und verschied nicht gleich? Weshalb nur kamen Knie mir entgegen, wozu Brüste, dass ich daran trank? Still läge ich jetzt und könnte rasten, entschlafen wäre ich und hätte Ruhe.
Warum schenkt er dem Elenden Licht und Leben denen, die verbittert sind?
Sie warten auf den Tod, der nicht kommt, sie suchen ihn mehr als verborgene Schätze. Sie würden sich freuen über einen Hügel; fänden sie ein Grab, sie würden frohlocken. Wozu Licht für den Mann auf verborgenem Weg, den Gott von allen Seiten einschließt?

Ijob 3,11-13.20-23

MENSCH UND WELT ■

Selbsbetrug

Windhauch, Windhauch,

sagte Kohelet,

Windhauch, Windhauch,

das ist alles

Windhauch.

Kohelet 1,2

MENSCH UND WELT ■

Kreislauf

■ ■ Welchen Vorteil hat der Mensch von all seinem
Besitz, für den er sich anstrengt unter der Sonne?
Eine Generation geht, eine andere kommt.
Die Erde steht in Ewigkeit.
Die Sonne, die aufging und wieder unterging, atemlos
jagt sie zurück an den Ort, wo sie wieder aufgeht.
Er weht nach Süden, dreht nach Norden, dreht, dreht,
weht, der Wind. Weil er sich immerzu dreht,
kehrt er zurück, der Wind. Alle Flüsse fließen ins Meer,
das Meer wird nicht voll. Zu dem Ort, wo die Flüsse
entspringen, kehren sie zurück, um wieder
zu entspringen. ■ ■ ■

Kohelet 1,3-7

MENSCH UND WELT ■

Korrespondenz

Alles hat seine Stunde.
Für jedes Geschehen unter dem Himmel
gibt es eine bestimmte **ZEIT:**

eine **ZEIT** zum Gebären und eine **ZEIT** zum Sterben,
eine Zeit zum Pflanzen und
eine **ZEIT** zum Abernten der Pflanzen,

eine **ZEIT** zum Töten und eine **ZEIT** zum Heilen,
eine **ZEIT** zum Niederreißen
und eine **ZEIT** zum Bauen,

eine **ZEIT** zum Weinen und eine **ZEIT** zum Lachen,
eine **ZEIT** für die Klage und
eine **ZEIT** für den Tanz;

eine **ZEIT** zum Lieben und eine **ZEIT** zum Hassen,
eine **ZEIT** für den Krieg und
eine **ZEIT** für den Frieden.

Kohelet 3,1-4.8

MENSCH UND WELT ■

Kulisse

Wer das Geld liebt, bekommt vom Geld nie genug; wer den Luxus liebt, hat nie genug Einnahmen - auch das ist Windhauch.

Mehrt sich das Vermögen, so mehren sich auch die, die es verzehren. Was für ein Erfolg bleibt dem Besitzer? Seine Augen dürfen zusehen.

Kohelet 5,9-10

MENSCH UND WELT ■

Du kannst nichts mitnehmen

Wie er aus dem Leib seiner Mutter
herausgekommen ist – nackt, wie er kam,
muss er wieder gehen. Von seinem Besitz
darf er überhaupt nichts forttragen, nichts,
das er als ihm gehörig mitnehmen könnte.

So ist auch dies etwas Schlimmes, etwas wie
eine Krankheit. Genau wie er kam, muss er gehen.
Welchen Vorteil bringt es ihm, dass
er sich anstrengt für den Wind?

Auch wird er während seines ganzen
restlichen Lebens sein Essen im Dunkeln
einnehmen; er wird sich häufig ärgern, und
Krankheit und Unmut werden ihn plagen.

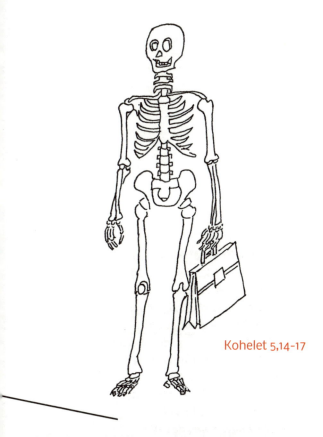

Kohelet 5,14-17

Dies ist etwas, was ich eingesehen habe:
Das vollkommene Glück besteht darin,
dass jemand isst und trinkt und das Glück
kennenlernt durch seinen eigenen Besitz,
für den er sich unter der Sonne anstrengt
während der wenigen Tage seines Lebens,
die Gott ihm geschenkt hat. Denn das
ist sein Anteil.

MENSCH UND WELT ■

Philosophische Entdeckungen

> *Als ich mir vorgenommen hatte zu erkennen, was Wissen wirklich ist, und zu beobachten, welches Geschäft eigentlich auf der Erde getätigt wird, da sah ich ein, dass der Mensch, selbst wenn er seinen Augen bei Tag und Nacht keinen Schlaf gönnt, das Tun Gottes in seiner Ganzheit nicht wiederfinden kann, das Tun, das unter der Sonne getan wurde. Deshalb strengt der Mensch, danach suchend, sich an und findet es doch nicht wieder. Selbst wenn der Gebildete behauptet, er erkenne – er kann es doch nicht wiederfinden.*

Kohelet 8,16-17

MENSCH UND WELT ■

Die Ordnung bricht zusammen

Seht, Gott, der Herr der Heere,
nimmt Jerusalem und Juda jede Stütze
und Hilfe, jede Unterstützung mit Brot
und jede Unterstützung mit Wasser:
den Helden und Krieger, den Richter
und den Propheten, den Wahrsager
und den Ältesten, den Hauptmann,
den Höfling, den Ratsherrn, den weisen
Zauberer und den klugen Beschwörer.

Ich mache junge Burschen zu ihren Fürsten. Willkür soll über sie herrschen.

Jesaja 3,1-4

MENSCH UND WELT ■

Tödliche Krankheit

> Verheert wird die Erde, verheert, geplündert wird sie, geplündert. Ja, der Herr hat es gesagt. Die Erde welkt, sie verwelkt, die Welt zerfällt, sie verwelkt, Himmel und Erde zerfallen. Die Erde ist entweiht durch ihre Bewohner; denn sie haben die Weisungen übertreten, die Gesetze verletzt, den ewigen Bund gebrochen. Darum wird ein Fluch die Erde zerfressen; ihre Bewohner haben sich schuldig gemacht. Darum schwinden die Bewohner der Erde dahin, nur wenige Menschen werden übriggelassen.

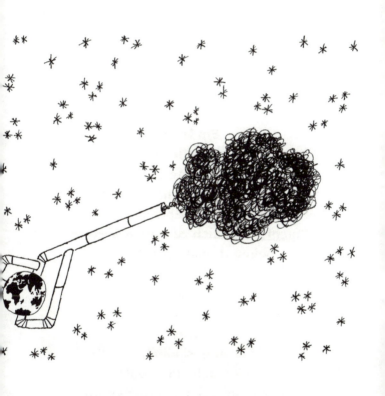

Jesaja 24,3-6

MENSCH UND WELT ■

Ein kluger Kopf

Ein Nichts
sind alle, die
ein Götterbild
formen;
ihre geliebten Götzen nützen
nichts. Wer sich zu seinen Göttern
bekennt, sieht nichts, ihm
fehlt es an
Einsicht;
darum
wird
er beschämt.
Wer sich einen Gott
macht und sich ein Götterbild
gießt, hat keinen
Nutzen
davon.

Jesaja 44,9-10

MENSCH UND WELT ■

Leichtgewicht

Gewogen wurdest du auf der Waage

und zu leicht befunden.

Daniel 5,27

MENSCH UND WELT

Verlorener Halt

An jenem Tag - Spruch des Herrn - werde ich die Pferde in deiner Mitte vernichten und deine Kriegswagen zerstören.

Ich vernichte die Städte in deinem Land und reiße alle deine Festungen nieder. Ich vernichte die Zaubermittel in deiner Hand, und es wird bei dir keine Zeichendeuter mehr geben.

Ich vernichte deine Götterbilder und deine geweihten Steinmale, und du wirst dich nicht mehr niederwerfen vor dem Werk deiner Hände.

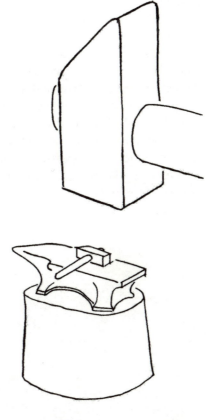

Micha 5,9-12

MENSCH UND WELT ■

Wer bleibt

Der Herr sagt: Ja, dann entferne ich aus deiner Mitte die überheblichen Prahler, und du wirst nicht mehr hochmütig sein auf meinem heiligen Berg.
Und ich lasse in deiner Mitte übrig ein demütiges und armes Volk, das seine Zuflucht sucht beim Namen des Herrn.
Der Rest von Israel wird kein Unrecht mehr tun und wird nicht mehr lügen, in ihrem Mund findet man kein unwahres Wort mehr. Ja, sie gehen friedlich auf die Weide, und niemand schreckt sie auf, wenn sie ruhen.

Zefanja 3,11-13

MENSCH UND WELT ■

Unvergänglicher Reichtum

Sammelt euch nicht Schätze hier auf der **Erde,** wo Motte und Wurm sie zerstören und wo Diebe einbrechen und sie stehlen,

sondern sammelt euch Schätze im **Himmel,** wo weder Motte noch Wurm sie zerstören und keine Diebe einbrechen und sie stehlen.

Denn wo dein Schatz ist, da ist auch dein **Herz.**

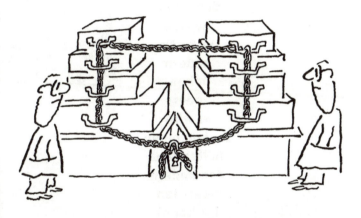

Matthäus 6,19-21

MENSCH UND WELT

Entscheidung

Niemand
kann zwei
Herren
dienen;
er wird
entweder
den einen
hassen
und den
andern
lieben,
oder
er wird
zu dem einen
halten und
den andern
verachten.
Ihr könnt
nicht beiden
dienen,
Gott und dem **Mammon.**

Matthäus 6,24

MENSCH UND WELT

Die Sorge ums Dasein

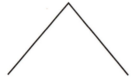

Deswegen sage ich euch: Sorgt euch nicht um euer Leben und darum, dass ihr etwas zu essen habt, noch um euren Leib und darum, dass ihr etwas anzuziehen habt. Ist nicht das Leben wichtiger als die Nahrung und der Leib wichtiger als die Kleidung? Seht euch die Vögel des Himmels an: Sie säen nicht, sie ernten nicht und sammeln keine Vorräte in Scheunen; euer himmlischer Vater ernährt sie. Seid ihr nicht viel mehr wert als sie? Wer von euch kann mit all seiner Sorge sein Leben auch nur um eine kleine Zeitspanne verlängern?

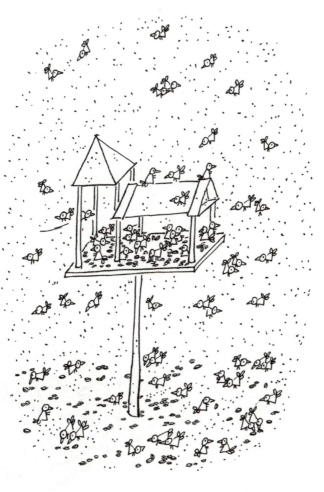

Matthäus 6,25-27

MENSCH UND WELT ■

Steuererklärung

Einige Pharisäer und einige Anhänger des Herodes wurden zu Jesus geschickt, um ihn mit einer Frage in eine Falle zu locken.

Sie kamen zu ihm und sagten: Meister, wir wissen, dass du immer die Wahrheit sagst und dabei auf niemand Rücksicht nimmst; denn du siehst nicht auf die Person, sondern lehrst wirklich den Weg Gottes. Ist es erlaubt, dem Kaiser Steuer zu zahlen, oder nicht? Sollen wir sie zahlen oder nicht zahlen?

Er aber durchschaute ihre Heuchelei und sagte zu ihnen: Warum stellt ihr mir eine Falle? Bringt mir einen Denar, ich will ihn sehen.

Man brachte ihm einen. Da fragte er sie: Wessen Bild und Aufschrift ist das? Sie antworteten ihm: des Kaisers.

Da sagte Jesus zu ihnen: So gebt dem Kaiser, was dem Kaiser gehört, und Gott, was Gott gehört! Und sie waren sehr erstaunt über ihn.

Markus 12,13-17

MENSCH UND WELT ◼

Lebens-Mittel

Und er sagte zu seinen Jüngern: Deswegen sage ich euch: Sorgt euch nicht um euer Leben und darum, dass ihr etwas zu essen habt, noch um euren Leib und darum, dass ihr etwas anzuziehen habt. Das Leben ist wichtiger als die Nahrung und der Leib wichtiger als die Kleidung. Seht auf die Raben: Sie säen nicht und ernten nicht, sie haben keinen Speicher und keine Scheune; denn Gott ernährt sie. Wieviel mehr seid ihr wert als die Vögel! Wer von euch kann mit all seiner Sorge sein Leben auch nur um eine kleine Zeitspanne verlängern?

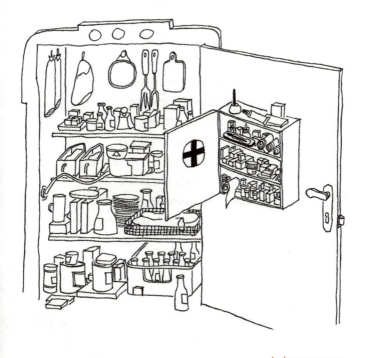

Lukas 12,22-25

MENSCH UND WELT

Der wahre Reichtum

**Verkauft eure Habe,
und gebt den Erlös
den Armen! Macht
euch Geldbeutel,
die nicht zerreißen.
Verschafft euch einen
Schatz, der nicht
abnimmt, droben
im Himmel, wo kein
Dieb ihn findet und
keine Motte ihn
frisst. Denn wo euer
Schatz ist, da ist
auch euer Herz.**

Lukas 12,33-34

MENSCH UND WELT ■

Das Leben gewinnen

WER AN SEINEM LEBEN HÄNGT, VERLIERT ES;

WER ABER SEIN LEBEN IN DIESER WELT GERING ACHTET,

WIRD ES BEWAHREN BIS INS **EWIGE LEBEN.**

Johannes 12,25

MENSCH UND WELT ■

Enthüllen

Prüft,
was dem Herrn
gefällt, und habt nichts
gemein mit den Werken
der Finsternis, die keine
Frucht bringen, sondern
deckt sie auf!

Epheser 5,10-11

MENSCH UND WELT ■

Keine Bleibe

Denn wir haben hier

keine Stadt, die bestehen bleibt, sondern

wir suchen die künftige.

Hebräer 13,14

Der Mensch und sein **Nächster**

DER MENSCH UND SEIN NÄCHSTER

Gerechtigkeit als Maßstab

IHR SOLLT IN DER RECHTSPRECHUNG
KEIN UNRECHT TUN. DU SOLLST WEDER
FÜR EINEN GERINGEN NOCH FÜR EINEN
GROSSEN PARTEI NEHMEN;

GERECHT SOLLST DU
DEINEN STAMMESGENOSSEN
RICHTEN

Levitikus / 3 Mose 19,15

DER MENSCH UND SEIN NÄCHSTER

... Die Liebe

An den Kindern deines Volkes sollst du dich nicht rächen und ihnen nichts nachtragen. Du sollst deinen Nächsten lieben wie dich selbst. ICH BIN DER HERR.

Levitikus / 3. Mose 19,18

DER MENSCH UND SEIN NÄCHSTER — —

Treue

Rut sagte zu ihrer Schwiegermutter Noomi: Dränge mich nicht, dich zu verlasen und umzukehren.

Wohin du gehst, dahin gehe auch ich,

Dein Volk ist mein Volk, und dein Gott ist mein Gott. Wo du stirbst, da sterbe auch ich, da will ich begraben sein. Der Herr soll mir dies und das antun - nur der Tod wird mich von dir scheiden.

und wo du bleibst, da bleibe auch ich.

Rut 1,16-17

Fallstricke

Wer seinem Nächsten schmeichelt, breitet ihm ein Netz vor die Füße.

Sprichwörter 29,5

DER MENSCH UND SEIN NÄCHSTER --

Liebe sieht alles schöner

Ein **A**pfelbaum
unter Waldbäumen
ist mein Geliebter
unter den Burschen.

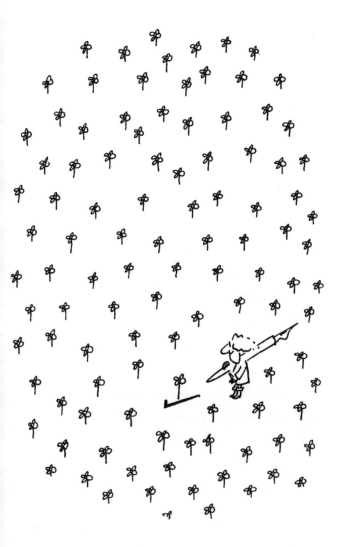

Hoheslied 2,3a

DER MENSCH UND SEIN NÄCHSTER ――

Am Ende
des Fortschritts

Weh der Stadt voll Blutschuld;
sie ist nichts als Lüge. Voll von Raffgier ist sie,
vom Rauben lässt sie nicht ab. Knallen
von Peitschen und Gedröhn rasselnder Räder,
rennende Pferde und holpernde Wagen.
Hetzende Reiter, flammende Schwerter,
blitzende Lanzen, eine Menge Erschlagener,
eine Masse von Toten, kein Ende der Leichen,
man stolpert über die Leiber.
Und all das wegen der zahllosen Buhlschaften
der Buhlerin, die von Anmut strahlte,
die in Zauberkünsten Meisterin war;
Völker verkaufte sie durch ihr Buhlen,
Stämme durch ihre Zauberei.

Nahum 3,1-4

DER MENSCH UND SEIN NÄCHSTER ──

Amtsmissbrauch

Ihr aber, ihr seid abgewichen vom Weg und habt viele zu Fall gebracht durch eure Belehrung; **ihr habt den Bund Levis zunichte gemacht, spricht der Herr der Heere.**

Maleachi 2,8

DER MENSCH UND SEIN NÄCHSTER ——

Feindesliebe

Ihr habt gehört, dass gesagt worden ist:
Du sollst deinen Nächsten lieben
und deinen Feind hassen.

Ich aber sage euch: Liebt eure Feinde
und betet für die, die euch verfolgen,

damit ihr Söhne eures Vaters im Himmel werdet;
denn er lässt seine Sonne aufgehen über
Bösen und Guten, und er lässt regnen über

Gerechte

und

Ungerechte.

Matthäus 5,43-45

DER MENSCH UND SEIN NÄCHSTER

Übersetzungen

Da rief Jesus sie zu sich und sagte:
Ihr wisst, dass die, die als Herrscher gelten,
ihre Völker unterdrücken und die Mächtigen
ihre Macht über die Menschen missbrauchen.
Bei euch aber soll es nicht so sein, sondern wer
bei euch groß sein will, der soll euer Diener sein,
und wer bei euch der Erste sein will,
soll der Sklave aller sein.

Markus 10,42-44

DER MENSCH UND SEIN NÄCHSTER

Der falsche Schein

Es war eine große
Menschenmenge
versammelt und hörte
Jesus mit Freude zu.
Er lehrte sie und sagte:
Nehmt euch in Acht vor
den Schriftgelehrten!
Sie gehen gern
in langen Gewändern
umher, lieben es, wenn
man sie auf den Straßen
und Plätzen grüßt,
und sie wollen in der
Synagoge die vordersten
Sitze und bei jedem
Festmahl die Ehrenplätze
haben.

Sie bringen die Witwen
um ihre Häuser und
verrichten in ihrer
Scheinheiligkeit lange
Gebete. Aber um so
härter wird das Urteil
sein, das sie erwartet.

Markus 12,38-40

DER MENSCH UND SEIN NÄCHSTER ──

Umgang mit den Feinden

Euch, die ihr mir zuhört, sage ich:
Liebt eure Feinde; tut denen Gutes,
die euch hassen.
Segnet die, die euch verfluchen;
betet für die, die euch misshandeln.
Dem, der dich auf die eine Wange
schlägt, halt auch die andere hin,
und dem, der dir den Mantel
wegnimmt, lass auch das Hemd.
Gib jedem, der dich bittet; und wenn
dir jemand etwas wegnimmt,
verlang es nicht zurück.

Was ihr von anderen erwartet, das tut ebenso auch ihnen.

Lukas 6,27-31

DER MENSCH UND SEIN NÄCHSTER ──

Neue Umgangsformen

**Ein neues Gebot gebe ich euch:
Liebt einander!** Wie ich euch geliebt habe,
so sollt auch ihr einander lieben.

Johannes 13,34-35

Daran werden alle erkennen,
dass ihr meine Jünger seid: **wenn ihr einander liebt.**

DER MENSCH UND SEIN NÄCHSTER

Mit ganzer Hingabe

Eure Liebe sei ohne Heuchelei. Verabscheut das Böse, haltet fest am Guten! Seid einander in brüderlicher Liebe zugetan, übertrefft euch in gegenseitiger Achtung! Lasst nicht nach in eurem Eifer, lasst euch vom Geist entflammen und dient dem Herrn! Seid fröhlich in der Hoffnung, geduldig in der Bedrängnis, beharrlich im Gebet!

Römer 12,9-12

DER MENSCH UND SEIN NÄCHSTER

Jedem das Seine

Nehmt den an, der im Glauben schwach ist, ohne mit ihm über verschiedene Auffassungen zu streiten. Der eine glaubt, alles essen zu dürfen, der Schwache aber isst kein Fleisch.
Wer Fleisch isst, verachte den nicht, der es nicht isst; wer kein Fleisch isst, richte den nicht, der es isst. Denn Gott hat ihn angenommen.

Römer 14,1-3

DER MENSCH UND SEIN NÄCHSTER —

Liebe als Maßstab

Und wenn ich prophetisch reden könnte und alle Geheimnisse wüsste und alle Erkenntnis hätte; wenn ich alle Glaubenskraft besäße und Berge damit versetzen könnte, hätte **aber die Liebe nicht, wäre ich nichts.**

1 Korinther 13,2

DER MENSCH UND SEIN NÄCHSTER —

*Mutig
in der Liebe*

SEID **WACHSAM,**
STEHT **FEST IM GLAUBEN,**
SEID **MUTIG,** SEID **STARK!**
ALLES, WAS IHR TUT,
GESCHEHE IN LIEBE.

1 Korinther 16,13-14

DER MENSCH UND SEIN NÄCHSTER ——

Großzügig geben

Denkt daran: Wer kärglich sät, wird auch kärglich ernten; wer reichlich sät, wird reichlich ernten.
Jeder gebe, wie er es sich in seinem Herzen vorgenommen hat, nicht verdrossen und nicht unter Zwang; denn Gott liebt einen fröhlichen Geber. In seiner Macht kann Gott alle Gaben über euch ausschütten, sodass euch allezeit in allem alles Nötige ausreichend zur Verfügung steht und ihr noch genug habt, um allen Gutes zu tun, wie es in der Schrift heißt: Reichlich gibt er den Armen; seine Gerechtigkeit hat Bestand für immer.

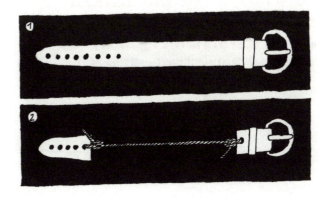

2 Korinther 9,6-9

DER MENSCH UND SEIN NÄCHSTER — —

Zur Liebe befreit

Die Frucht des Geistes aber ist
LIEBE, FREUDE, FRIEDE, LANGMUT, FREUNDLICHKEIT, GÜTE, TREUE, SANFTMUT und **SELBSTBEHERRSCHUNG;**
dem allem widerspricht das Gesetz nicht.

(

Galater 5,22-23

DER MENSCH UND SEIN NÄCHSTER

Wertschätzung der anderen

Philipper 2,2-4

dann macht meine Freude dadurch
vollkommen, dass ihr eines Sinnes seid,
einander in Liebe verbunden, einmütig
und einträchtig, dass ihr nichts aus Ehrgeiz
und nichts aus Prahlerei tut. Sondern
**in Demut schätze einer den andern höher
ein als sich selbst. Jeder achte nicht nur
auf das eigene Wohl, sondern auch
auf das der anderen.**

DER MENSCH UND SEIN NÄCHSTER

Vom Gold der Brozemedaille

Ihr habt den alten Menschen mit seinen Taten
abgelegt und seid zu einem neuen Menschen
geworden, der nach dem Bild seines Schöpfers
erneuert wird, um ihn zu erkennen.
Wo das geschieht, gibt es nicht mehr Griechen
oder Juden, Beschnittene oder Unbeschnittene,
Fremde, Skythen, Sklaven oder Freie, sondern
Christus ist alles und in allen. → ➡ ➡ ↔ → ➡➡ ➡➡
Ihr seid von Gott geliebt, seid seine auserwählten
Heiligen. Darum bekleidet euch mit aufrichtigem
Erbarmen, mit Güte, Demut, Milde, Geduld!
Ertragt euch gegenseitig, und vergebt einander,
wenn einer dem andern etwas vorzuwerfen hat.
Wie der Herr euch vergeben hat, so vergebt
auch ihr! Vor allem aber liebt einander, denn
die Liebe ist das Band, das alles zusammenhält
und vollkommen macht.
In eurem Herzen herrsche der Friede Christi; dazu
seid ihr berufen als Glieder des einen Leibes.
← → → ➡ → ➡ ➡ →

Kolosser 3,9-15

DER MENSCH UND SEIN NÄCHSTER

Kindern Mut machen

Ihr Eltern (Väter),
SCHÜCHTERT EURE KINDER NICHT EI
damit sie nicht mutlos werden.

Kolosser 3,21

DER MENSCH UND SEIN NÄCHSTER −−

Empathie

> Denkt an die Gefangenen,
> als wäret ihr mitgefangen;
> denkt an die Misshandelten,
> denn auch ihr lebt noch in
> eurem irdischen Leib.

Hebräer 13,3

DER MENSCH UND SEIN NÄCHSTER

Tätige Liebe

MEINE KINDER, WIR WOLLEN NICHT MIT WORT UND ZUNGE LIEBEN, SONDERN IN TAT UND WAHRHEIT.

1 Johannes 3,18

DER MENSCH UND SEIN NÄCHSTER __

Animation

Denn die Liebe besteht darin, dass wir

nach seinen Geboten leben. Das Gebot,

das ihr von Anfang an gehört habt, lautet:

Ihr sollt in der Liebe leben.

2 Johannes 6

Mensch und Gott

MENSCH UND GOTT →

Gottes Ebenbild

Dann sprach Gott: Lasst uns Menschen machen als unser Abbild, uns ähnlich. Sie sollen herrschen über die Fische des Meeres, über die Vögel des Himmels, über das Vieh, über die ganze Erde und über alle Kriechtiere auf dem Land.
> Gott schuf also den Menschen als sein Abbild; als Abbild Gottes schuf er ihn. Als Mann und Frau schuf er sie.

Gott segnete sie, und Gott sprach zu ihnen: Seid fruchtbar, und vermehrt euch, bevölkert die Erde, unterwerft sie euch, und herrscht über die Fische des Meeres, über die Vögel des Himmels und über alle Tiere, die sich auf dem Land regen.

Genesis / 1 Mose 1,26-28

MENSCH UND GOTT →

Keine anderen Götter

> **Ihr sollt** euch nicht **anderen Göttern** zuwenden und euch nicht Götterbilder aus Metall gießen; ich bin der Herr, euer Gott.

Levitikus / 3 Mose 19,4

MENSCH UND GOTT →

Von ganzem Herzen

DU SOLLST DEN HERRN, DEINEN GOTT, LIEBEN MIT GANZEM HERZEN, MIT GANZER SEELE UND MIT GANZER KRAFT.

Deuteronomium / 5 Mose 6,5

MENSCH UND GOTT →

Aufruf zur Entscheidung

Fürchtet also jetzt den Herrn, und dient ihm in vollkommener Treue. Schafft die Götter fort, denen eure Väter jenseits des Stroms und in Ägypten gedient haben, und dient dem Herrn! Wenn es euch aber nicht gefällt, dem Herrn zu dienen, dann **ENTSCHEIDET EUCH HEUTE, WEM IHR DIENEN WOLLT:** den Göttern, denen eure Väter jenseits des Stroms dienten, oder den Göttern der Amoriter, in deren Land ihr wohnt. Ich aber und mein Haus, wir wollen dem Herrn dienen. Das Volk antwortete: Das sei uns fern, dass wir den Herrn verlassen und anderen Göttern dienen.
Denn der Herr, unser Gott, war es, der uns und unsere Väter aus dem Sklavenhaus Ägypten herausgeführt hat und der vor unseren Augen alle die großen Wunder getan hat. Er hat uns beschützt auf dem ganzen Weg, den wir gegangen sind, und unter allen Völkern, durch deren Gebiet wir gezogen sind.
Der Herr hat alle Völker vertrieben, auch die Amoriter, die vor uns im Land wohnten. Auch wir wollen dem Herrn dienen; denn er ist unser Gott.

Josua 24,14-18

MENSCH UND GOTT →

Fürsprache?

Wenn ein Mensch gegen einen Menschen sündigt, kann Gott Schiedsrichter sein. Wenn aber ein Mensch gegen den Herrn sündigt, wer kann dann für ihn eintreten? Aber sie hörten nicht auf die Stimme ihres Vaters; denn der Herr war entschlossen, sie umkommen zu lassen.

1 Samuel 2,25

MENSCH UND GOTT →

Gott kennt das Herz

Der Herr aber sagte zu Samuel:
Sieh nicht auf sein Aussehen und seine stattliche Gestalt, denn ich habe ihn verworfen;
Gott sieht nämlich nicht auf das, worauf der Mensch sieht. Der Mensch sieht, was vor den Augen ist, der Herr aber sieht das Herz.

1 Samuel 16,7

MENSCH UND GOTT →

Gottverlassen

Nach dem Tod Jojadas kamen die führenden Männer
Judas zum König und warfen sich vor ihm nieder.
Dieser hörte damals auf sie, sodass sie den Bund
des Herrn, des Gottes ihrer Väter, verließen
und die Kultpfähle und Götzenbilder verehrten.
Wegen dieser Schuld kam ein Zorngericht
über Juda und Jerusalem.
Der Herr schickte Propheten zu ihnen, um sie
zur Umkehr zum Herrn zu bewegen, aber man
hörte nicht auf ihre Warnung.
Da kam der Geist Gottes über Secharja, den Sohn
des Priesters Jojada. Er trat vor das Volk und hielt
ihm vor: So spricht Gott: Warum übertretet ihr
die Gebote des Herrn? So könnt ihr
kein Glück mehr haben.

Weil ihr den Herrn verlassen habt, wird er euch verlassen.

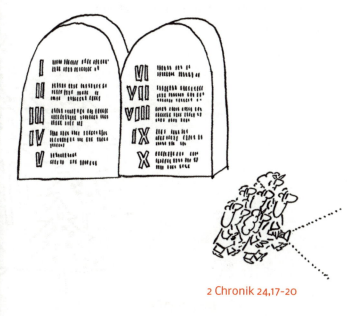

2 Chronik 24,17-20

MENSCH UND GOTT →

Der Verleumder gibt nicht nach

Der Satan ging weg vom Angesicht Gottes
und schlug Ijob mit bösartigem Geschwür
von der Fußsohle bis zum Scheitel.
Ijob setzte sich mitten in die Asche und nahm
eine Scherbe, um sich damit zu schaben.
Da sagte seine Frau zu ihm: Hältst du
immer noch fest an deiner Frömmigkeit?
Lästere Gott, und stirb!

Ijob 2,7-9

MENSCH UND GOTT →

Sehnsucht nach der Nähe Gottes

Wüsste ich doch, wie ich ihn finden könnte, gelangen könnte zu seiner Stätte. Ich wollte vor ihm das Recht ausbreiten, meinen Mund mit Beweisen füllen. Wissen möchte ich die Worte, die er mir entgegnet, erfahren, was er zu mir sagt. Würde er in der Fülle der Macht mit mir streiten? Nein, gerade er wird auf mich achten. Dort würde ein Redlicher mit ihm rechten, und ich käme für immer frei von meinem Richter. Geh' ich nach Osten, so ist er nicht da, nach Westen, so merke ich ihn nicht, nach Norden, sein Tun erblicke ich nicht; bieg' ich nach Süden, sehe ich ihn nicht.

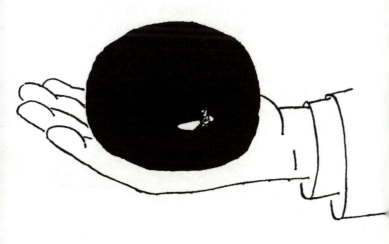

Ijob 23,3-9

MENSCH UND GOTT →

Freude an den Weisungen des Herrn

Wohl dem Mann, der nicht dem Rat der Frevler
folgt, nicht auf dem Weg der Sünder geht,
nicht im Kreis der Spötter sitzt, sondern Freude hat
an der Weisung des Herrn, über seine Weisung
nachsinnt bei Tag und bei Nacht.
Er ist wie ein Baum, der an Wasserbächen
gepflanzt ist, der zur rechten Zeit seine Frucht
bringt und dessen Blätter nicht welken.
Alles, was er tut, wird ihm gut gelingen.

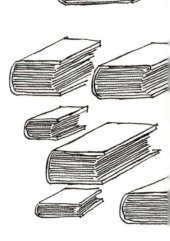

Psalm 1,1-3

MENSCH UND GOTT →

Von Gott gehalten

Denn du gibst mich nicht
der Unterwelt preis; du lässt deinen
Frommen das Grab nicht schauen.
Du zeigs mir den Pfad zum Leben.
Vor deinem Angesicht herrscht
Freude in Fülle, zu deiner Rechten
Wonne für alle Zeit.

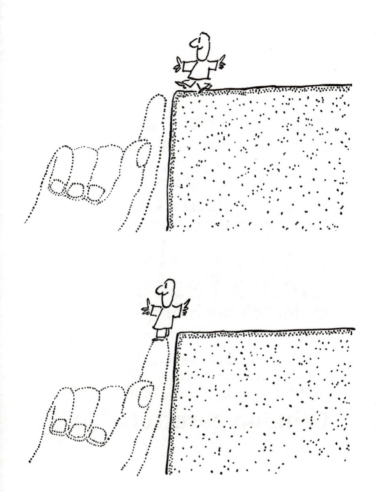

Psalm 16,10-11

MENSCH UND GOTT →

Gottesliebe

■ ■ ■ ■
Ich will dich lieben, Herr,
meine Stärke,
Herr, du mein Fels,
meine Burg, mein Retter,
mein Gott,
meine Feste,
in der ich mich berge,
mein Schild und sicheres Heil,
meine Zuflucht.
Ich rufe: Der Herr sei gepriesen!,
und ich werde vor meinen
Feinden gerettet.

Psalm 18,2-4

MENSCH UND GOTT →

Gott ist unsere Zukunft

> Bei Gott allein kommt meine Seele zur Ruhe; denn von ihm kommt meine Hoffnung. Nur er ist mein Fels, meine Hilfe, meine Burg; darum werde ich nicht wanken. Vertrau ihm, Volk Gottes, zu jeder Zeit! Schüttet euer Herz vor ihm aus! Denn Gott ist unsere Zuflucht.

Psalm 62,6-7.9

MENSCH UND GOTT →

Der Wächter

Ich hebe meine Augen
auf zu den Bergen:
Woher kommt mir Hilfe?
**Meine Hilfe kommt vom Herrn,
der Himmel und Erde gemacht hat.**
Er lässt deinen Fuß nicht wanken; er,
der dich behütet, schläft nicht.
Nein, der Hüter Israels schläft
und schlummert nicht.

Psalm 121,1-4

MENSCH UND GOTT →

In Gott geborgen

Herr, du hast mich erforscht und du kennst mich.
Ob ich sitze oder stehe, du weißt von mir.
Von fern erkennst du meine Gedanken.
Ob ich gehe oder ruhe, es ist dir bekannt;
du bist vertraut mit all meinen Wegen.

Noch liegt mir das Wort nicht auf der Zunge
- du, Herr, kennst es bereits.

Du umschließt mich von allen Seiten und legst deine Hand auf mich.

Zu wunderbar ist für mich dieses Wissen, zu hoch, ich kann es nicht begreifen.

Psalm 139,1-6

MENSCH UND GOTT →

Auf Gott bauen

MIT>GANZEM>HERZEN
VERTRAU>AUF>DEN>HERRN,
BAU>NICHT<AUF>EIGENE
KLUGHEIT>

Sprichwörter 3,5

MENSCH UND GOTT →

Gottvertrauen

An jenem Tag wirst du sagen:
Ich danke dir, Herr.
Du hast mir gezürnt,
doch dein Zorn hat sich gewendet,
und du hast mich getröstet.
Ja, Gott ist meine Rettung;
ihm will ich vertrauen
und niemals verzagen.
Denn meine Stärke und mein
Lied ist der Herr. Er ist für mich
zum Retter geworden.

Jesaja 12,1-2

MENSCH UND GOTT →

Lebenswege

Der Weg des Gerechten ist gerade,

du ebnest dem Gerechten die Bahn. ⸺

Jesaja 26,7

MENSCH UND GOTT →

Gottes Segen

Denn ich gieße Wasser auf den dürstenden

Boden, rieselnde Bäche auf das trockene Land.

Ich gieße meinen Geist über deine Nachkommen

aus und meinen Segen über deine Kinder.

Dann sprossen sie auf wie das Schilfgras,

wie Weidenbäume an Wassergräben.

Jesaja 44,3-4

MENSCH UND GOTT →

Himmelhoher Unterschied

Meine **G**edanken sind nicht eure **G**edanken, und eure **W**ege sind nicht meine **W**ege – *Spruch des Herrn.* So hoch der Himmel über der Erde ist, so hoch erhaben sind meine **W**ege über eure **W**ege und meine **G**edanken über eure **G**edanken.

Jesaja 55,8-9

MENSCH UND GOTT →

Gottes Geist befreit

Der Herr hat mich gesandt, **damit ich den** Armen eine frohe Botschaft bringe **und alle** heile, deren Herz zerbrochen ist, **damit ich** den Gefangenen die Entlassung **verkünde** und den Gefesselten die Befreiung, damit **ich ein** Gnadenjahr des Herrn ausrufe, einen Tag der **Vergeltung** unseres Gottes, damit ich alle **Trauernden** tröste,

Jesaja 61,1-2

MENSCH UND GOTT →

(Kein) Grund zum Stolz

So spricht der Herr: Der Weise rühme sich nicht seiner Weisheit, der Starke rühme sich nicht seiner Stärke, der Reiche rühme sich nicht seines Reichtums.

Nein, wer sich rühmen will, rühme sich dessen, dass er Einsicht hat und mich erkennt, dass er weiß: Ich, der Herr, bin es, der auf der Erde Gnade, Recht und Gerechtigkeit schafft. Denn an solchen Menschen habe ich Gefallen - Spruch des Herrn.

Jeremia 9,22-23

MENSCH UND GOTT →

Gott ist bei uns

Jesus sagte: Alles, was zwei ◉ von euch
auf Erden gemeinsam erbitten, werden sie
von meinem himmlischen Vater erhalten.
Denn wo zwei oder ◉ drei in meinem ◉ Namen
versammelt sind, da bin ich mitten
unter ihnen. ●

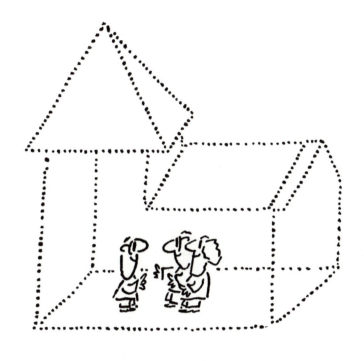

Matthäus 18,19-20

MENSCH UND GOTT →

Gottes Maßstäbe

 Jesus sagte: Achtet auf das, was ihr hört! Nach dem Maß, mit dem ihr messt und zuteilt, wird euch zugeteilt werden, ja, es wird euch noch mehr gegeben.

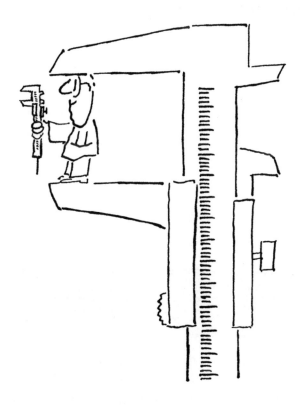

Markus 4,24

MENSCH UND GOTT →

Ich bin der Weg

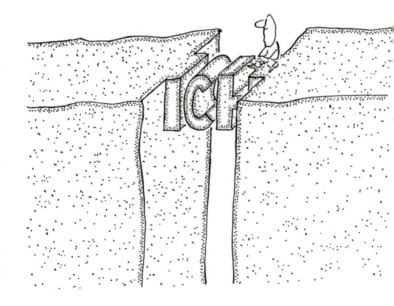

**JESUS SAGTE:
ICH BIN DER WEG
UND DIE WAHRHEIT
UND DAS LEBEN;
NIEMAND KOMMT
ZUM VATER AUSSER
DURCH MICH.**

Johannes 14,6

MENSCH UND GOTT →

Wie glauben?

Jesus sagte:

Weil du mich gesehen hast,

glaubst du.

Selig sind, die nicht sehen

und doch glauben.

Johannes 20,29b

MENSCH UND GOTT →

Aus guter Quelle

Der Gott der Hoffnung

aber erfülle euch

mit aller Freude und mit allem

Frieden im Glauben,

damit ihr reich werdet

an Hoffnung.

in der Kraft

des Heiligen Geistes.

Römer 15,13

MENSCH UND GOTT →

Das Schwache stark machen

Denn das Törichte an Gott ist weiser
als die Menschen, und das Schwache
an Gott ist stärker als die Menschen.
Seht doch auf eure Berufung, Brüder!
Da sind nicht viele Weise im irdischen
Sinn, nicht viele Mächtige, nicht viele
Vornehme, sondern das Törichte
in der Welt hat Gott erwählt, um
die Weisen zuschanden zu machen,
**und das Schwache in der Welt
hat Gott erwählt, um das Starke
zuschanden zu machen.**
Und das Niedrige in der Welt
und das Verachtete hat Gott erwählt:
das, was nichts ist, um das, was etwas ist,
zu vernichten, damit kein Mensch
sich rühmen kann vor Gott.

1 Korinther 1,25-29

MENSCH UND GOTT →

Umwege

> Die Erkenntnis macht aufgeblasen, die Liebe dagegen baut auf. Wenn einer meint, er sei zur Erkenntnis gelangt, hat er noch nicht so erkannt, wie man erkennen muss. Wer aber Gott liebt, der ist von ihm erkannt.

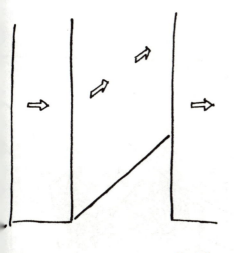

1 Korinther 8,1-3

MENSCH UND GOTT →

Verschlossene Herzen

Gebt acht, Brüder, dass keiner von euch ein böses, ungläubiges Herz hat, dass keiner vom lebendigen Gott abfällt, sondern ermahnt einander jeden Tag, solange es noch heißt: Heute, damit niemand von euch durch den Betrug der Sünde verhärtet wird; denn an Christus haben wir nur Anteil, wenn wir bis zum Ende an der Zuversicht festhalten, die wir am Anfang hatten.

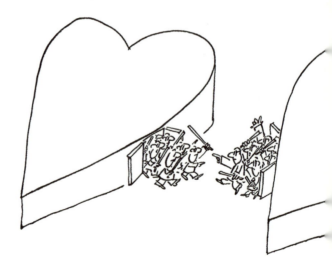

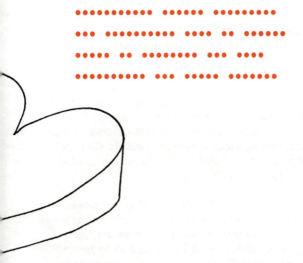

Hebräer 3,12-14

VITA

Ivan Steiger

geboren 1939 in Prag, Besuch der Filmfachoberschule, danach Studium an der Filmakademie FAMU in Prag. Während des Literaturstudiums unter Mila Kundera schrieb er Erzählungen, Novellen und Drehbücher, später auch Bücher für das kleine und große Publikum. 1965 promovierte er in Prag als „Film- und Fernsehdramaturg und Regisseur". Seit 1963 ist Ivan Steiger vorwiegend als Karikaturist tätig, hat in vielen Städten Europas und Nordamerikas ausgestellt, Bücher publiziert und mit seinen Zeichnungen illustriert.

Seine Cartoons erscheinen regelmäßig in der „Frankfurter Allgemeinen Zeitung" sowie in anderen bedeutenden europäischen und amerikanischen Zeitschriften: Der Süddeutschen Zeitung, La Stampa, Christian Science Monitor, The Times, Chicago Tribune, Los Angeles Herald Examiner, Punch, Le Figaro u.v.a.m.
Ivan Steiger lebt seit dem Jahr 1968 mit seiner Familie in München, im Jahr 1978 erhielt er die deutsche Staatsangehörigkeit. Seit 1971 hat er als Autor, Regisseur und Produzent 27 Dokumentar- und Kurzspielfilme für das Kino und das Fernsehen gedreht. Für seine literarischen, karikaturistischen und filmischen Arbeiten erhielt er nationale und internationale Preise.

Die Reihe seiner neunzehn Bücher gipfelt mit 350 gezeichneten Essays zu Themen aus dem Alten und Neuen Testament „Ivan Steiger sieht die Bibel" im Auftrag der Deutschen Bibelgesellschaft und des Verlags Katholisches Bibelwerk. Es folgt das Buch der Sprichwörter „Gottes Auge ist überall". Seine umfangreiche Sammlung alter Spielsachen hat er schon seit 28 Jahren im Spielzeugmuseum im Alten Rathausturm auf dem Marienplatz in München der Öffent-

lichkeit zugänglich gemacht. Das zweite Museum in Prag auf der Burg Hradschin entstand vor 17 Jahren. 1986 entstanden seine ersten expressiv primitiven bis abstrakten Acrylbilder. 2009 erhielt Ivan Steiger vom Bundespräsidenten Horst Köhler das Verdienstkreuz am Bande des Verdienstordens der Bundesrepublik Deutschland. Im gleichen Jahr wurde er vom tschechischen Präsidenten Václav Klaus mit einer Medaille für kulturelle Verdienste ausgezeichnet.

ALLEIN IN DER FRANKFURTER ALLGEMEINEN ZEITUNG WURDEN BISLANG 9000 IVAN STEIGER CARTOONS ABGEDRUCKT.

Foto: Isolde Ohlbaum

www.ivan-steiger.de
ivan.steiger@freenet.de
www.spielzeugmuseum.eu
www.biblepictures.net

INHALTSVERZEICHNIS

Vorwort /5

● **Der Mensch als Mensch**
    Ijob 14,7-10 *Solange der Himmel bleibt* /12
    Psalm 51,12 *Lauterkeit* /14
    Sprichwörter 3,13-26 *Zwischen Himmel und Erde* /16
    Sprichwörter 10,19 *Störungen* /18
    Sprichwörter 12,13-14 *Auf Wiedersehen* /20
    Sprichwörter 14,8 *Um-Weg* /22
    Sprichwörter 14,12 *Irr-Weg* /24
    Sprichwörter 14,14 *Beweislast* /26
    Sprichwörter 14,33 *Seelenblind* /28
    Sprichwörter 15,2 *Wortverschmutzung* /30
    Kohelet 4,4 *Sinnlose Konkurrenz* /32
    Kohelet 5,1-2 *Kurz und bündig* /34
    Hoheslied 8,6-7 *Unüberwindlich wie der Tod* /36
    Matthäus 12,33-35 *Entweder- oder* /38
    Markus 8,36-37 *Gewinn und Verlust* /40
    1 Korinther 12,4-10 *Ein Geist* /42
    2 Korinther 5,7 *Womit wir den Weg finden* /44
    2 Korinther 12,9 *Kraft in der Schwachheit* /46
    1 Timotheus 1,4-7 *Im Trüben fischen* /48
    Jakobus 1,19-20.22-24 *Lass Taten folgen* /50
    1 Petrus 3,3-4 *Innere Schönheit* /52

■ **Mensch und Welt**
    Deuteronomium / 5 Mose 5,12-15 *Geschenkte Freiheit* /56
    2 Samuel 23,3-4 *Davids Vermächtnis* /58
    2 Könige 17,9-12 *Die große Verführung* /60
    Ijob 3,11-13.20-23 *Warum?* /62
    Kohelet 1,2 *Selbstbetrug* /64

Kohelet 1,3-7 *Kreislauf* | **66**
Kohelet 3,1-4.8 *Korrespondenz* | **68**
Kohelet 5,9-10 *Kulisse* | **70**
Kohelet 5,14-17 *Du kannst nichts mitnehmen* | **72**
Kohelet 8,16-17 *Philosophische Entdeckungen* | **74**
Jesaja 3,1-4 *Die Ordnung bricht zusammen* | **76**
Jesaja 24,3-6 *Tödliche Krankheit* | **78**
Jesaja 44,9-10 *Ein kluger Kopf* | **80**
Daniel 5,27 *Leichtgewicht* | **82**
Micha 5,9-12 *Verlorener Halt* | **84**
Zefanja 3,11-13 *Wer bleibt* | **86**
Matthäus 6,19-21 *Unvergänglicher Reichtum* | **88**
Matthäus 6,24 *Entscheidung* | **90**
Matthäus 6,25-27 *Die Sorge ums Dasein* | **92**
Markus 12,13-17 *Steuererklärung* | **94**
Lukas 12,22-25 *Lebens-Mittel* | **96**
Lukas 12,33-34 *Der wahre Reichtum* | **98**
Johannes 12,25 *Das Leben gewinnen* | **100**
Epheser 5,10-11 *Enthüllen* | **102**
Hebräer 13,14 *Keine Bleibe* | **104**

Der Mensch und sein Nächster

Levitikus / 3 Mose 19,5 *Gerechtigkeit als Maßstab* | **108**
Levitikus / 3 Mose 19,18 *... Die Liebe* | **110**
Rut 1,16-17 *Treue* | **112**
Sprichwörter 29,5 *Fallstricke* | **114**
Hoheslied 2,3a *Liebe sieht alles schöner* | **116**
Nahum 3,1-4 *Am Ende des Fortschritts* | **118**
Maleachi 2,8 *Amtsmissbrauch* | **120**
Matthäus 5,43-45 *Feindesliebe* | **122**
Markus 10,42-44 *Übersetzungen* | **124**
Markus 12,38-40 *Der falsche Schein* | **126**
Lukas 6,27-31 *Umgang mit den Feinden* | **128**
Johannes 13,34-35 *Neue Umgangsformen* | **130**

Römer 12,9-12 *Mit ganzer Hingabe* | 132
Römer 14,1-3 *Jedem das Seine* | 134
1 Korinther 13,2 *Liebe als Maßstab* | 136
1 Korinther 16,13-14 *Mutig in der Liebe* | 138
2 Korinther 9,6-9 *Großzügig geben* | 140
Galater 5,22-23 *Zur Liebe befreit* | 142
Philipper 2,2-4 *Wertschätzung der anderen* | 144
Kolosser 3,9-15 *Vom Gold der Brozemedaille* | 146
Kolosser 3,21 *Kindern Mut machen* | 148
Hebräer 13,3 *Empathie* | 150
1 Johannes 3,18 *Tätige Liebe* | 152
2 Johannes 6 *Animation* | 154

→ **Mensch und Gott**
Genesis / 1 Mose 1,26-28 *Gottes Ebenbild* | 158
Levitikus / 3 Mose 19,4 *Keine anderen Götter* | 160
Deuteronomium / 5 Mose 6,5 *Von ganzem Herzen* | 162
Josua 24,14-18 *Aufruf zur Entscheidung* | 164
1 Samuel 2,25 *Fürsprache?* | 166
1 Samuel 16,7 *Gott kennt das Herz* | 168
2 Chronik 24,17-20 *Gottverlassen* | 170
Ijob 2,7-9 *Der Verleumder gibt nicht nach* | 172
Ijob 23,3-9 *Sehnsucht nach der Nähe Gottes* | 174
Psalm 1,1-3 *Freude an den Weisungen des Herrn* | 176
Psalm 16,10-11 *Von Gott gehalten* | 178
Psalm 18,2-4 *Gottesliebe* | 180
Psalm 62,6-7.9 *Gott ist unsere Zukunft* | 182
Psalm 121,1-4 *Der Wächter* | 184
Psalm 139,1-6 *In Gott geborgen* | 186
Sprichwörter 3,5 *Auf Gott bauen* | 188
Jesaja 12,1-2 *Gottvertrauen* | 190
Jesaja 26,7 *Lebenswege* | 192

Jesaja 44,3-4 *Gottes Segen* | *194*
Jesaja 55,8-9 *Himmelhoher Unterschied* | *196*
Jesaja 61,1-2 *Gottes Geist befreit* | *198*
Jeremia 9,22-23 *(Kein) Grund zum Stolz* | *200*
Matthäus 18,19-20 *Gott ist bei uns* | *202*
Markus 4,24 *Gottes Maßstäbe* | *204*
Johannes 14,6 *Ich bin der Weg* | *206*
Johannes 20,29b *Wie glauben?* | *208*
Römer 15,13 *Aus guter Quelle* | *210*
1 Korinther 1,25-29 *Das Schwache stark machen* | *212*
1 Korinther 8,1-3 *Umwege* | *214*
Hebräer 3,12-14 *Verschlossene Herzen* | *216*

Vita Ivan Steiger | *218*

Die Idee und die Konzeption zu
diesem Buch (Buchformat,
Auswahl der zeichnerischen Essays
und thematische Anordnung)
entstanden im Verlag Katholisches
Bibelwerk und wurden zusam-
men mit Herrn Steiger und dem
Grafiker Jan Jiskra umgesetzt.
Die lektoratsmäßige und herstel-
lerische Betreuung lag bei Herrn
Herbert Wilfart.